تعال معاي نحلم

مجموعة شعرية (2)

سلمى علي محمد الحسن

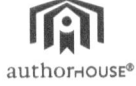

authorHOUSE®

AuthorHouse™
1663 Liberty Drive
Bloomington, IN 47403
www.authorhouse.com
Phone: 1-800-839-8640

First published by AuthorHouse 7/8/2011

ISBN: 978-1-4634-3593-6 (sc)

Printed in the United States of America

Any people depicted in stock imagery provided by Thinkstock are
models, and such images are being used for illustrative purposes only.
Certain stock imagery © Thinkstock.

This book is printed on acid-free paper.

تعال معاي نحلم

♥ إهداء ♥

لكل من يؤمن بأن الأحلام يمكن أن تصبح
حقائق أقول: إن الأحلام تصبح حقائق

لكل من لا يؤمن بأن الأحلام تصبح حقائق
أقول: إن الأحلام لا تصبح حقائق

أياً كان ما تؤمن به فإنه ما ستجده..أنا
أخترت أن أؤمن بأن الأحلام تصبح حقائق

أنت لك حرية الاختيار

و تعال معاي نحلم....

سلمى

♫ ♥ الهوى للخلود ♥ ♫

أكاد أراك

جلياً امامي

أحس بأنك

سوف تعود

أكاد أري

في ابتسامك نوراً

وفي مقلتيك

جمال الورود

وأسمع نبض

فؤادي قوياً

يسارع يلهث

يأبى الصمود

بقلبي حنينٌ

ودفءٌ و شوق

فيا حرّ قلبي

متى ستعود

أحس هواك

يشع أمامي

فتزهو حياتي

بنور الوجود

فبالحب نحيا

وبالحب نسمو

ونمضي ويبقي

الهوى للخلود

♫ ♥ ♫ ♥ ♫ ♥ ♫

♪♫ ♥ الهاتف ♥ ♪♫

وأنا قرب الهاتف

أرقب برقاً خاطف

عقلي عقلٌ متعب

قلبي قلبٌ خائف

* * *

الحب يبعثرني

والعقل يغادرني

افقده يفقدني

تعبث بي كلماتي

وانا قرب الهاتف

* * *

الهاتف يتذبذب

وفؤادي يتعذب

هل يصدق أم يكذب

يا قلباه تجلّد

وأنا قرب الهاتف

* * *

صوتك يتغلغلني

للجنّة يأخذني

يطربني يسعدني

يسقط كلّ حصوني

صوتٌ عبر الهاتف

♫ ♥ ♫ ♥ ♫ ♥ ♫

6

♫ ♥ ما بين صمتك والكلام ♥ ♫

ما بين صمتك والكلام

مسافةٌ تبدو لفرط

خشوعها وسكونها

لكأنما هي ألفُ عام

أغفو بها

كي استطيعَ البوح

لكن

لاأطيقُ

فأنثني خجلاً

تُشلُّ خواطري

تنهارُ قلعتي المنيعةُ

ثم يبقى الانهزام

ما بين صمتك و الكلام

* * *

من أين جئتَ

و كيف جئتَ

و فيم قل لي؟

هل أتيتَ

لكي تلخبط

كلَّ شيء؟

كي تبعثرَ

كلَّ أوراقي

وأفكاري

وتجعلَ

من حكاياتي

القديمة

من روايات الهوى

عندي حطام؟

هل جئتَ كي

تمحو ببعض الحب

الامي وأحزاني

و ترسمَ في

شفاهي الابتسام؟

هل جئتَ كي

أنسى بك

الشوقَ القديمَ

و قصة عاشت

معي عمراً

و كنت أظنّها

حرماً حرام؟

لكنّ وجهَك

حين أشرق

في حياتي باسما

دكّ الحصون

وحديثّك الاتي

من الأغوار

في دفءٍ

يغلغلُ كلَّ شئ

كنت أدعوه اتزاناً

أو أسميه السكون

من أنت

يا من جئت فجراً

مثل شمسٍ

عانقت دنياي

في ارض الصقيع

ذابت بها مدنُ الثلوج

واقبل العامُ الربيع

غنت عصافيرُ الهوى

قصرت مسافاتُ النّوى

و تلألأ الكونُ البديع

***

أنا لن اقولَ

أحبُ أو أهواك

فالشيء الذي

بين ابتداءك للكلام

و بين صمتك

قد يذيع

كرهاً أكتّم ما أحسّ

و ما اريد البوح لكن

ما أكتّمه أنا

طوعاً يشيع

ليقولَ:عاشقةٌ أنا

حد الفتون

حدّ اندلاع النار

في الغابات

بل حدّ الزلازل

والكوراث

ماتغالبه الظنون

حدّ الذوابع

والأعاصير التحطّم

ما يكونُ ولا يكون

والله عاشقةٌ أنا

حدّ الإذابةِ

و التبخّر

والتلاشي

و الجنون

♫ ♥ ♫ ♥ ♫ ♥ ♫

♫♪ ♥ لوجيت بعد عشرين سنة ♥ ♪♫

لوجيت بعد عشرين سنة

شايل جراحات السنين

والدمع في خدودك سكب

تعبان وهداك السفر

رحلة شقا ورحلة تعب

لو جيت ملفح بالهموم

دنياك حالكة وكل يوم

الحزن في عمرك ظهر

سطراً نقش سطراً كتب

ماعندي غير

أفتح شبابيك القلب

افرش ذهور

أملا الدرب

قلبي الحزين

14

يرقص فرح

ماعرفو من يوم مامشيت

خليتو باكي ومنتحب

يافرحتي يابهجتي ويادنيتي

أهواك دون أسباب تقال

لأنو جد مافيش سبب

فارقتني..من دون سبب

عذبتني..من دون سبب

وقلبي لسة بحن ليك

ياقلبي وريتني العجب

أسبلت دمعاتي الحنان

لما الدمع جفّ ونضب

مع إنو قلبي ده زي جبل

قلباً قوي وقلباً صعب

لكن هواك دكّ الحصون

وجووه في الروح انكتب
واسمك علي قلبي اتنحت
منقوش بأحرف من دهب

***

لو جيت بعد عشرين سنه
شايل جراحات السنين
والدمع في خدودك سكب
صدقني مابحتاج كلام
ولا قصايد أو خطب
قول لي "بحبك" بس كفي
وماعايزة تاني ولا سبب
صدقني لا بيناتنا شك
لاظن ولا حبّة عتب
لأني لسه بموت عليك
والله ماعارفة السبب

وقلبي لسه بحن ليك

ياقلبي وريتني العجب

♫ ♥ بكره يالصادق بترجع ♥ ♫

بكره يالصادق بترجع

وبحكي ليك عن شوقي ليك

وبحكي ليك عن كل لحظة

كنت بحتاج فيها ليك

وعن عذاب ايام طويله

وبحكي ليك وبحكي ليك

* * *

إنت من يوم غبت عني

وكل يوم احساسي بيكبر

كل يوم زايد حنيني

وكل ليله براي افكر

في غيابك وفي بعادك

وبس بقول

ياهو المقدّر

18

ياما قلت الصبر هيّن

وياما حاولت التناسي

الا ماهو الصبر هين

وكل يوم بالجد بقاسي

* * *

جد حقيقي اشتقت ليك

وعندي ليك كلام كتير

عن عواطفي وعن مشاعري

وعن احاسيس زول بيغير

كنت قايله هواي عادي

بس هو أكبر من كبير

* * *

في نهار يوم الوداع

كنت بتصبر واحاول

اني اتماسك ولازم

اني أتقدر واجامل

إلا في الحظة الاخيرة

اصلي ماتمالكت نفسي

وفاضو بي دمعات عيوني

وجاتني عبرة خنقني حسي

وانقطع بيننا الكلام

* * *

بكره يالصادق بترجع

وكل ألمي بيبقي ذكرى

ربنا يعدي الليالي

ويمشي بكرة وبعد بكرة

ويا ألهي تجيبو ليا

أصلو هو الصادق حبيبي

وحسي ضاع من بين ايديا

وكان قريبي وكان طبيبي

20

وكان دوام بيعطف عليا

وجد بحبك ونار غرامك

لسة عايشه وفيني حيه

وجد بريدك و جد بحبك

وقول بحبك هو الشويه

***

بكرة يالصادق بترجع

ومابقول غير الله قادر

ترجع افراحي وسعادتي

ويرجع الزول المغادر

ربي عالم بغرامي

وربي أعلم بالضماير

وبحنانو وبجلالو

بتتكتب كل المصاير

♫ ♥ ♫ ♥ ♫ ♥ ♫

♫ ♥ **الدنيا لسة ملانة حب** ♥ ♫

الدنيا لسه ملانه حب

والدنيا لسة ملانه ريد

لو تتحرم أو تنظلم

صدقني راجيك يوم سعيد

ماتعيش وتحضن في الألم

والحزن في جواك يزيد

إن كان شكيت أو كان بكيت

قول لي بس ايه راح يفيد

خليك سعيد دايما بشوش

ح تلاقي كل الدنيا عيد

والريده ماسر الوجود

يا فرحة الزول البيريد

بالحب يصير العمر جنّة

وكل يوم يوماً جديد

افتح دروبك للمحبة

وأنثر الفل والورود

لو يوم شقيت ماتنهزم

ربّك كريم ربّك ودود

الجاي أحلى وإنت أحلى

بس ابتسم سيب الجمود

ايه يعني بس جافاك حبيب

أو قابل الحب بالصدود؟

ايه يعني مرت بيك هموم

ايه يعني عدّبتك شديد؟

ماكل داء عندو الدوا

وحتى الحديد عندو الحديد

بس انت ركز وابتسم

كل الحزن بتحل أكيد

وافتح قليبك للفرح

ماتبقي جامد أو عنيد

الجاي أحلى وانت أحلى

وشوف كلامي ده واستفيد

♫ ♥ أبذل مجهود ♥ ♫

أمسك نفسك

أكتم جرحك

و أقفل خشمك

لية الجرسه؟؟

أية القصه؟؟

الحاصل أيه؟؟

خيانة جديدة؟؟

أصبح عادي

مصيبة جديدة؟؟

أصبح عادي

هجروا أحبابك؟

غدروا أصحابك؟

ظلموا أحبابك؟

كل دة عادي

وعادي وعادي

حاجة جديدة؟؟

من يوم نحن نزلنا الدنيا

و فيها الغدر وفيها والقسوة

فيها الحزن وفيها الحسرة

و فيها مصايب ياما وياما

أمسك نفسك وما تتجرس

زي ما الظلم فتح ابوابو

وحطّم ناس بقاسي عذابو

برضو الحب كمان موجود

ملآنة الدنيا زهور وورود

بس ياشاطر

شان تلقاهو

أسمع مني

و أبذل ليك

حبة مجهود

ح اقول ليك

على وصفة جميلة

قولها لنفسك

وأوعى تقولا

لأي حسود

متفقين؟؟

صحصح وأسمع مني قوافي

خلي الجواك دايما صافي

نضّف نفسك

و أزرع في جواك محبة

وأوعى تكون

زول قاسي و جافي

أوعي تكون

زول جامد وحاقد

سامح الناس خليك معافي

أزرع في جواك حديقة

كل يوم أشتل وردة جديدة

أسقي محنة

ورش لسماد القلب الطيبة

يوم يومين وتلاتة وخمسة

تلقى الحب في قلبك ساكن

صاحي ونايم وقاعد ماكن

وتلقى عيونك فيها الريدة

وحولك عالم ودنيا جديدة

وكل أحلامك غنوة سعيدة

شوف الدنيا بعين البسمة

تلقى الدنيا رقيقة ونسمة

وكل أحزانك تصبح قصة

وقصة مملة قديمة سخيفة

و تنسى حبيباً ظلمك وخانك

وتتلألأ بالحب أيامك

وبدل الخطوة ح تصبح طاير

و تنسى الزول التاية وحاير

وبس

في لحظة قريب قدامك

تلقى حبيبك واقف أمامك

إما الزول اليوم جافاك

أو زول غيرو

يعني حبيبك هو فريد جيلو؟!

أسمع مني

الحتلاقيهو

ح يكون أحلى

عارف ليه؟

لأنو أكيد ح يكون زول زيك

زارع في جواهو حديقة

شاتل ريدة وساقيا طيبة

وزيك شايف الدنيا سعيدة

أفرح بيهو

و طبعاً هوّ

ح يفرح بيك

أديو قلبك

وأمسك قلبو دة في ايديك

وعيشو قصيدة

30

و بس ما تنسو

لازم تزرعو تاني حديقة

تشتلو ريدة وتسقو الطيبة

وتبقو مثال

عشان الناس الناقصة مشاعر

لما بتسمع كلمة جميلة

بتقول ليك "ما دة كلام شاعر"

مالو الشاعر؟؟

ما زول عادي

ومين القال

الشعر خيالي؟

أصدق شاعر

زولا زيك

شاف في الدنيا دي

ياما حكاوي

شيتن عاشو

وشيتن تاني

سمعو من العشاق أصحابو

ولّا قراو يوماً في كتابو

فرقو قدر يتبسم عنّك

رغم جراحو ورغم صعابو

فرقو قدر يديك الكلمة

رغم نزيفو ورغم عذابو

فرقو قدر يزرع ليه حديقة

و يفتح ليك دربو وأبوابو

ويبقى مثال

للإتعذب وللإتكدّب

وللفي يوم

32

هجرو أحبابو

وجرحو قليبو

وخلو بينزف

بس ما استسلم

لملم نفسو وقام يتعلم

زرع الورد وهو بيتألم

قدّم ليك من حزنو قصيدة

فيها محنة وفيها الريدة

عاش الحب وآمن بيهو

شان كدة لاقى الحب حقيقة

لأنو حقيقي الحب حقيقة

وأصلو الحب دايماً موجود

ملآنة الدنيا زهور وورود

بس يا شاطر

شان تلقاهو

أسمع مني

و ابذل ليو حبّة مجهود

أسمع مني

وأبذل ليك حبة مجهود...

♬ ♥ <u>بتأملك</u> ♥ ♬

<u>مهداة للفنان الرائع محمود عبد العزيز</u>

بتأملك

و اتحدى بيك

كل البيقول

كان وإنتهى

و أرجع وأقول

مين يشبهك

وأتحدى بيك

كلّ القديم

والجاي جديد

والقال نساك

والقال سلاك

35

والودّعك

واتأملك

***

وألقاك عصفوراً حنين

في رقة ساكن عشتك

ألقاك زي كروان بتصد

ح بالجمال في كلمتك

والقاك شامخ زي جبل

كل الصعاب ما هزّتك

وألقاك زي طفلاً صغير

همّك غناك و فكرتك

صابك رشاش

من ناس قراب

شوّش عليك وأربكك

خلاك شارد في حزن

همّاً تقيبيل العذّبك

و شديد صعاب

و فراق قراب

هدّاك لمن أنهكك

بس إنت أقوى من الأسى

وربك كريم ما بهمّلك

والقالو فيك وقالو ليك

مابضرك ابداً بينفعك

والناس قلوبا معاك وليك

وإن كان عترت بنسندك

بنكون معاك ونقيق وراك

كل القلوب الحبّتك

راجياك ترجع زي زمان

وانشالله يوم ما نفقدك

بنغني ليك وندعو ليك

و مستحيل كان نخذلك

قول لينا صافينا الوداد

ورينا إيه الغيّرك؟

إن كان فقدت عزيز عليك

مكتوب مسطّر يسبقك

حزنك عليو ما هو البيفيد

بيكفيهو صافي مودتك

أهديهو إحساسك إليو

أهديهو صادق دعوتك

وإن كان جفاك زولاً عزيز

أنسى وأبد ما يأثرك

خليهو "في ستين" يروح

خسران و ما بيستاهلك

وإن كان ألم أو كان ندم

مابسوى يسرق بسمتك

ما تحمل الأسى في القلب

واهتما لينا ب صحتك

ما تشيل هموم

ما تجافي نوم

عيش الفرح في دنيتك

عايشين أمل يوم بكرة بيك

والجاي أحلى ومافي شك

39

آلاف معاك بتخاف عليك

و قلوب كتيرة بتعشقك

خايفين و قلقانين عليك

متلهفين ل فرحتك

ماشين وراك

شايلين غناك

ومغرمين ب محبتك

أسعدت مليون ب غناك

ياريتنا نقدر نسعدك

♫ ♥ ♫ ♥ ♫ ♥

♫ ♥ **خليك معاي** ♥ ♫

ماترحلي

خليك معاي

خليني افرح

و أنسى بيك

الآمي و أحزاني و أساي

أنسى بيك

جرحي المغوّر

جوة في

أعماق حشاي

خليني أهديكي المحبة

و أهدي ليك

لحني و غناي

ما ترحلي...

***

ما تودعيني

و قلبي شايل

ليكي إحساسو الدفين

وأنا ماشي في سكة سفر

زادي المعاي

رحلة هواك

العايشة فيني

وسيل محنة

و ريد سنين

وكلام كتير

ما قلتو لسه

42

وجاية حسه

تقولي لي

كلو انتهى؟؟

لأ ما انتهى

رحلة حنين

كيف تنتهي؟

وريد السنين

ما بينتهي

حاسيهو في

قلبي الحنيّن

وسامعو في

كلمات غناي

حاسيهو في

رعشات فؤادي

وجاي ليك

سايق خطاي

بس إنتي ماتستعجلي

خليك معاي

خليني افرح

وأنسى بيك

الامي وأحزاني وأساي

وانسى بيك

جرحي المغوّر

جوة في أعماق حشاي

أنا جاي شايل ليك محبة

وهادي ليك حروف غناي

44

بس إنتي ما تستعجلي

ماتودعيني وترحلي

خليك معاي

خليك معاي

خليك معاي...

♫ ♥ ♫ ♥ ♫ ♥ ♫

♫ ♥ كباية مويه ♥ ♫

كباية مويه و إنكشحت

خلتني أقول فيها معاني

وأحاول اكتب فيها كلام

والكلمة تخفف أحزاني

على "لاب توبي" اللسه صغير

وعياهو اكيد هزّ كياني

فقعدت أفكر في القصة

وأكتم أحزاني ف وجداني

في الدنيا في كل يوم كباية

بتتدفق و ما بترجع تاني

والناس زعلانة و تتشكى

ودايماً بتقول ليك بتعاني

ما الحالة عذاب والكون أظلم

لكون المحبوب خلاني

أو خان أو باع او فلّست

أو عندي همومي و أشجاني

وتحاول تنصح يضحكو بيك

ياخ أنسى الموضوع وأنساني

ياخ انكشحت ليه انكشحت

وكيف إنكشحت و مين الجاني؟

دة كلام ح يقلّب ليك أوجاع

قدرك بيغشاك و بيغشاني

والإتدفق ما بتلملم

ولا حتى بعد خمسة ثواني

قوم إتحرك و أعمل حاجه

وماتقول الحادث هدّاني

جمبك أحباب

و كتير أصحاب

تلقاهم ديمة وتلقاني

والإتدفق لا بتلملم

ولا عمرو ح يرجع

من تاني

عاين قدامك واتبسم

قول للعالم ما أحلاني

لسع صامد رغم الأزمة

و بكتب و بقول

أحلى أغاني

♫ ♥ ♫ ♥ ♫ ♥ ♫

♫ ♥ تعال معاي نحلم ♥ ♫

أنسى الحزن والخوف
وتعال معاي نحلم
بحر السعادة كبير
والدايرو كلّو بتم
عيش الفرح والريد
خلي الندم والهم
وأمشي ف دروب الحب
والله ما بتندم

***

إن كان كتير تنسى
إتناسى آلامك
شوف السعادة قريب
في قمة أحزانك
لا تشكي لا تبكي

وتسرح في أوهامك

ربك كريم وودود

بس قوّي إيمانك

أدعيهو بإخلاص

تتحقق أحلامك

ما تسمع الحساد

وإتجاهل ال لامك

خلي الأمل موجود

في فعلك وكلامك

حافظ عليهو دوام

خليهو إلهامك

بكرة السعادة تزورك

و تحلى أيامك

بس إنت أبدا وشوف

و تعال معاي نحلم

بحر السعادة كبير

و الدايرو كلو بتم

أمشي ف دروب الريد

وانشالله ما بتندم

أمشي ف دروب الريد

والله ما بتندم

♫ ♥ ♫ ♥ ♫ ♥ ♫

♬ ♥ فرحة ♥ ♬

خليكي جمبي شوية

عينيكي في عينيّ

يفرح قليبي الخالي

وأغني ليك أغنية

ياشمعة ضوت دربي

يانعمة الله عليّا

هليتي في دنياي

زي قمرة في ليلية

و محيتي ليل أحزاني

بالرقة و الحنية

وأنا كنت عايش دنيا

مليانة هم و أسية

احساس رقيق حنين

ومحبة صادقة وفية

نظرات حنان ومحنة

معكوسة في عينيّ

خلتني شفت الدنيا

بستان زهورو ندية

بحبّك إتعلقت

وبكلمتك غردت

وعرفت طعم الفرحة

وايديكي في ايديّ

♫ ♥ ♫ ♥ ♫ ♥ ♫

♫ ♥ <u>خليني أنسي</u> ♥ ♫

خليني أنسي خلاص

ماتجيب لي أخبارو

لا تحكي لي عنو

لا وينو لا مالو

مرت سنين عمري

وأنا ماشي في مسارو

لا بنسى لا بسلى

ومتكوّي بنارو

درب الفراق بينا

هو اللي اختارو

وخليني أنسي خلاص

مالي أنا ومالو

***

أديتو أجمل ريد

أداني إهمالو

ألامي بيو زادت

ساعات شقاي طالو

أسبل دموع عيني

خلي الدموع سالو

ماتحكي لي عنو

لا العملو لا القالو

خليني أنسي خلاص

مالي أنا ومالو

* * *

ما تقلب الالام

وتردد القصة

الماضي مابتعاد

خلينا في حسة

عذبني بالهجران

في كل صبح ومسا

وهو الهجرني زمان

كيف يعني ما أنسى

خليني في حالي

وخليهو في حالو

♫ ♥ ♫ ♥ ♫ ♥ ♫

♫ ♥ <u>أعاين ليك</u> ♥ ♫

أعاين ليك

أحس عينيك

تناديني

وأحسك زي

غريق لهفان

بيصارع الموج

عشان يهمس

يقول إسمي

ويناجيني

وأحسك في

عروقي الروح

وأشيل زادي

وأقيف جمبك

أطمن

قلبك المجروح

وأنوّر ليك

طريقك

وأهجر الدنيا

وأخلي الناس

عشان عينيك

وأحس إني

كفاية علي

أحس الفرحة

في قلبك

وأشوف البهجة

طالة عليك

***

أعاين في

عيونك ديل

أحسّك جد

قريب مني

وحاجات فيك

شاداني

وبتلهمني

وما قادر

اقيف عنك

لأنو هواك

صبح همي

صباح و مسا

و خيالك

ديمة ساكنّي

واحس قلبك

بنادي علي

وخايف إني

ما اقرّب

بس اطمّن

بريدك

و بوعدك حبي

وبشيلك

جوة في قلبي

ومهما الناس

تعيد و تزيد

بقيف جمبك

وأنور ليك

طريقك

وامسح الامك

وأشيل همّك

ولو جافاني

كلّ الناس

60

كفاية علي

تكون جنبي

وأكون جمبك

كفاية علي

أكون ياغالي

نور دربك

وأحس الفرحة

في عينيك

واحس الريدة

في قلبك

وأشوف البهجه

هالّة عليك

وأعاين ليك

وأعاين ليك

♫ ♥ ♫ ♥ ♫ ♥ ♫

♫ ♥ أمل منتظر ♥ ♫

بتوسد وسادتي

و بحسب في الليالي

وكل لحظة بتعدي

بتزيد إشتعالي

هل يوصل سلامي

و شوقي إليك ياغالي

وهل حاسس حنيني

أم بي لا تبالي؟

***

رسلت السلام

والشوق ليك هدية

ياالعايش في قلبي

وساكن في عينيّ

وياالشايل رسالتي

إنت عزيز عليّ

خلاص كمّلت صبري

استعجل شوية

***

بلغو صدق حبي

و احساسي النبيل

وإني دوام بشوفو

أجمل من جميل

وبفرح بكلامو

وليهو دوام بميل

وبين أندادو شايفة

ما موجود مثيل

***

يا ايامي عدّي

و يا اسبوعي مر

توصلك الرسالة

و نسمع للخبر

وتفرح بشعوري

والفرح يستمر

وترجع ليّا تاني

أحلى من القمر

♫ ♥ ♫ ♥ ♫ ♥ ♫

♫ ♥ <u>أجمل مصير</u> ♥ ♫

طمّني يا محبوب عليك

أنا قلبي ريدك عذبو

و كلامي فيك

كان بيسعدك

بدمي ليك أنا بكتبو

وبقلق عليك

و بحس بيك

وعمري بيك

أنا بحسبو

* * *

طمّني شان

اقدر اقيف

وأحارب الدنيا

ف هواك

و أصبر و أعيش

ايامي ليك

و أبقي البداية

و منتهاك

وأمسح دموعك

وأبقي ليك

بسمة أمل

طالة ف حياتك

وأبقي ليك

دفا في شتاك

طمني بس

إنشالله تمشي

معاي خطوة

وتاني ما تتعب كتير

ببقا الأمل

ببقا الفرح

بديك حب

بالجد كبير

لايوم بسيبك لا بخليك

تمشي و حداني و كسير

وبكون معاك

في كل دروبك

وما بقول دربك عسير

وإن كان مصيرنا

نكون سوا

حبك بيكون

أسعد مصير

♫ ♥ ♫ ♥ ♫ ♥ ♫

♫ ♥ أفتش ليك ♥ ♫

أفتش ليك

في جواي

أقول يمكن

غرامك لسه

في أعماقي

ساكن روحي

شايلا دماي

***

أفتش عن

شبة ساكت

ملامح ياما

سكنتني

تفاصيل كم

سهرت الليل

عشانا و ياما

بكتني

عوالم ياما

جمعتنا

فرح عشنا

وأحزان ياما

بكتنا

وما ألقاك

وأفتش تاني

و أتذكر

ألاقي هواك

صبح مفقود

وأحسك أصلو

ما موجود

هواك الياما عاش

جواي و لازمني

صبح قصة

و ماقايل

عيوني الياما

سهرت

شان هواك

سنين

بدت تنسي

وبدت تتعمق الفكرة

بإنو هواك

صار ذكرى

وما ح يعيش

معاي بكرة

وأنا الما كنت

قايلو بضيع

70

ولمن ضاع

بقيت مرتاح

بقول يمكن

هواك أصلاً

وهم لازمني

لمدة

خيال وسراب

وإتعدّى

وما حيعيش

معاي بكرة

واتعجبت للفكرة

♫ ♥ ♫ ♥ ♫ ♥ ♫

♫♪ ♥ عذاب الريد ♥ ♪♫

بيقولو الريدة بتعذّب

وأنا العذبني جد ريدك

وعمري وراك عدّى وراح

مع الأشواق وتسهيدك

وبعد السكة بيناتنا

رضيت الامو ورضيتك

سهرت الليل وضقت الويل

كتبت غرامي غنيتك

واريت بعد السهاد البي

لقيت ودك وصافيتك

مشيت ليك كل دروب الريد

لقيتو سراب و مالقيتك

خلاص ياقلبي طاوعني

وأكون إرتحت ونسيتك

♫ ♥ ♪♫ ♥ ♪♫ ♥ ♫

72

♫ ♥ يا حنيّن يا عاجبنا ♥ ♫

ياشايل نوم عينيّ

ويا الروحي عليك شوية

أنا قلبي حنين ما بحمل

صدّ وهجران وأسية

***

أنا قلبي حنيّن وطيب

دايماً تلقاهو قريب

لا بيعرف يخون لايكذب

لا للحباهو بخيّب

***

زوّد دايماً الامك

بسهر وكفاية منامك

وإن لحظة سألت علينا

تلقانا قريب قدامك

عذّب واتفنن فينا

ألمك ياخي بيرضينا

نتعذّب وترتاح إنت

و نفديك بنور عينينا

***

ياحنيّن يا عاجبنا

يالديمة رضاك غالبنا

أرحم معشوقك ساعة

كمّلنا الصبر و تعبنا

***

ورينا الشي البرضيكا

بنشيل منو ونديكا

وإنت حتي طلبت عيوننا

ما بتغلى عيونا عليكا

74

ياحنيّن يا عاجبنا

***

في جمالك مافيش تاني

وكلامك أحلى أغاني

حبك ورضاك وحنانك

ديل عندنا أغلى أماني

ياحنين يا عاجبنا

***

أخلصنا و حبيناك

ومن عمرنا اديناك

زوّدت علينا جرحنا

وصعّبت علينا لقاك

مهما طوّلت غيابك

تلقانا بنستناك

هاجر وابعد وعدّبنا

75

ومابنقدر غير نهواك

ياحنيّن يا عاجبنا

♫ ♥ ♫ ♥ ♫ ♥ ♫

♫ ♥ <u>بتصدقي</u> ♥ ♫

بتصدقي؟

لو قلت ليك

شوفتك بقت

فرحي و هناي

عينيكي

ألحاني و غناي

والبسمة منك

نور حياتي

و فرحتي

و أملي ومناي

بتصدقي؟؟

***

حبّك مسح

كلّ الجروح

غيّر حياتي

و دنيتي

الوش الحلو

الهادي الصبوح

وفي ابتسامك

نور أمل

بيشفي الجراح

لمن يلوح

بس قولي لي

من دون عيونك

ووين أقبل

ووين اروح؟؟

***

داير أحكي

للناس بهوانا

78

وعايز أغني

وعايز ابوح

بقيتي لي

سرّ الغنا

و في قلبي

جوه

بقيتي روح

وإن قلت بيك

عمري ابتدا

والقبلك

إن كان

راح يروح

بتصدقي؟؟

♫ ♥ ♫ ♥ ♫ ♥ ♫

♫ ♥ عيد الأمل ♥ ♫

في عزّ الليل

حضنت شجوني

و امالي

كتمت دموعي

و الامي

و قلت أحاول أتبسم

عشان العيد

عشان أفرح

عشان قلبي

الملآن أشجان

يجيهو النوم

و تتلملم

شجون فاضت

دموع سالت

و آه لما
الدموع تنساب
و آه يا قلبي
لو تعلم
شقاي منك
وكل أساي
وأحزاني
المعاي دوام
وراها حنان
سكن جواك
وراها الرقة
والإحساس
وراها قلب
بيعيش للناس
و ما بيقدر

يكون قاسي

و ما إتعلم

يكون ناسي

بيبكي و ديمة

بيتألم

من القسوة

و من الجفوة

بيشوف الناس

دوام اخوان

بشوف الطيبة

في الإنسان

بيحب الخير

وفي جواهو

نبع حنان

ودايماً بالأمل

مليان

و لكن ديمه

متألم

و لأحزانو متوسد

و بأشجانو متكلم

ورغم الجرح

في قلبو

بيحاول إنو

يتبسم

ويقول للناس

صباحكم خير

وبكره العيد

تعالو معاي

عشان نحلم

بدنيا كتيرة

أفراحا

بتشرق فيها

شمس الريد

يغيب الحزن

وأتراحا

أكيد نحلم

لأنو الدنيا

فيها الخير

ومهما الحزن

عمّ و ساد

بيبقى أملنا

في بكره

وأملنا بيبقى

لينا الزاد

و بكره قريب

و بكره سعيد

و مهما الحزن

عمّ و ساد

أكيد بالفرحة

موعودين

و لينا مع

الفرح ميعاد

♫ ♥ ♫ ♥ ♫ ♥ ♫

♫ ♥ القصة ♥ ♫

قصة الريد القديمة

قصة أكتر من أليمة

قصة عدّى العمر فيها

و أحلي ايامي و سنينا

قصة راويها بدموعي

وكل اهاتي الدفينة

فيها دمعة

فيها شمعة

و ليلي وايامي الحزينة

***

كنت مخلص

من بدايتي

و زي عوايدي

قليبي صافي

كنتي ناسية

و كنتي قاسية

و ليا قلبك

ديمة جافي

رغم كل

حناني ليكي

كنتي من

ريدي بتخافي

***

قسوتك كتلت حنيني

و كل إحساس رقة فيني

لا معاكي بقت سعادتي

ولا فهواكي لقيت يقيني

ما كذبت عليكي أبداً

كنتي نور عمري و سنيني

كنت عايش لرضاكي

شان للحظة تطمنيني

كنت بطلب ديمة قربك

وإنت منك تبعديني

وإنتي إخترتي النهاية

مافي داعي تلوّميني

ماكفاك كل العملتي

برضو جاية تعذبيني

عايز اقول ليك كلمة واحدة

عايني لي و اتأمليني

تلقي مجروح قلبو نازف

أرحميهو و أرحميني

سكتك ماياها دربي

دربك أخضر فارقيني

♫ ♥ ♫ ♥ ♫ ♥ ♫

♫ ♥ <u>معاك</u> ♥ ♫

معاك الليله

ببدأ أعيش

كأني زمان

ولاعشت

معاك بفرح

من الأعماق

وأنا القبلك

ولا فرحت

معاك بتضوي أيامي

ويزورني العيد

ويغيّب عيدي

كان غبت

**

معاك تتقاصر الساعات

ولما تهل علي صورتك

تنور دنيتي ف لحظات

وأحاول أقول كلام الريد

و لكن تهرب الكلمات

و تبقى الكلمة مخنوقة

و تسيل بدل الكلام دمعات

***

معاك بنسى الحزن والهم

وأحلم إني في الجنة

وأريت يا غالي حلمي يتم

وأعيش الفرحة في قربك

ودايماً بالفرح نتلم

بريدك و بس

ولا ح اعيد ولا ح أزيد

بريدك والكلام إنتم

♫ ♥ ♫ ♥ ♫ ♥ ♫ ♥

♫ ♥ حالة عشق ♥ ♫

جربت تتلبّش تكش

قدام حبيبك و تنكمش

ولمن تكلمو تنتفض

وبسرعة قلبك يرتعش

جربت صوتو يهدهدك

يتلبسك وجواك يخش

يضحك و يتكلم معاك

تشرد وأفكارك تطش

لما الغرام يلغي الكلام

وزي الدعاش حولك يرش

وطيور تحلق حولكم

وبساط من الفل يتفرش

وحبيبك يبقا الدنيا ليك

وبايدو لدمعك يقش

يبقى الغرام سامي ونبيل

لافيو خداع لافيهو غش

تتحول الأحزان فرح

تبسم حياتك و تنتعش

وأنا ريدي ليك بقا في دماي

ساكني ديمه و ما بيمش

حالة عشق صايباني بيك

خالاني كل يوم بندهش

ريدك خلاص

صار لي علامة

وجوّة في قلبي اتنقش

♫ ♥ ♫ ♥ ♫ ♥ ♫

♫ ♥ إحساسي بيك ♥ ♫

معقوله كل إحساسي بيك

وكلامي ليك ماتصدقو؟؟

أقعد سنين أحلف يمين

علشان تحسو وتفهمو؟

أكتب كتاب إسمو العذاب

وبإيدي ليك اقدمو؟؟

خليك معاي طمني بيك

قلبي الرهيف ما تحرمو

إحساسو بيك صادق شديد

لا داسّي لا قاعد يكتمو

صدّق كلام قلبي الحنين

ماتبقي قاسي و تظلمو..

♫ ♥ ♫ ♥ ♫ ♥ ♫

♫ ♥ أبوي ♥ ♫

(مهداة إلى أبي الحبيب د.علي محمد الحسن)

أبويا يانور العيون

يا أغلى إنسان لي بكون

ريدك سكن جوه القلب

وأشواقي أبداً ما بتهون

***

من قمنا شايفينك حنين

وقت الصعاب حنك يبين

ياالديمة للمحتاج ركازة

و ديمة للقاصدك معين

***

فيك هيبة مافي أيّ زول

وفي الفهم عقلك عقول

مين اللي قصدك وإنخذل

94

خلي البعرفك هو اليقول

***

أبوي لي سيد الرجال

سمح الشكل سمح الخصال

قلبو الحنين زي الطفل

ومهابه فيو مافي الجبال

***

أبويا ياود الحسن

إنت الأصيل طبعك حسن

ياربي تحفظ لي أبوي

يختا الألم يختا المحن

♫ ♥ ♫ ♥ ♫ ♥ ♫

♫♥ حلم ♥♫

باللـه لو عديت في يوم

بى"بحري" أديها السلام

وأصل لزول ساكن هناك

بلّغ لي شوقي مع الغرام

قول ليهو ياخ عاشقك تعب

من شوقو ليك قطّر كلام

شايلك معاو في صحوتو

و صورتك ملازماو في المنام

رادك شديد قبال يشوفك

وإنت عندو عزيز مقام

قال فيك كلّ البتكتب

هام بيك فات حد الهيام

صوت الحنان فيك هدهدو

وفي الصورة حب الابتسام

96

شاعر حنين قلبو انشبك

والشعرا ما ليهم ملام

قلبو الرهيف روحو الشفيف

حلّق معاك في سماك حام

إلا المشاوير ليك أبت

والدنيا والناس والزحام

بس الكريم كان راد لقا

واسعدنا بالحب والوئام

وقدّر الحلم الجميل

يكمل بريده و إنسجام

ماليّا غير أمل اللقا

وماعندي أبداً إنهزام

وإنشالله حبي الشايلا ليك

يلاقي عندك إهتمام

كم من فرح ببدأ حلم

ولمن تفيق تلقاهو تام

طولما الأمل للناس متاح

طولما الحلم مافيو حرام

خلينا عايشين بالأمل

وبكره كل شي بكون تمام

♫ ♥ ♫ ♥ ♫ ♥ ♫ ♥ ♫

♫ ♥ اليوم السعيد ♥ ♫

يابختك إنت و بختها

تستاهلك و تستاهلا

إنشالله بالحب تغلبك

وإنت بحنانك تغلبها

***

إنشالله بيت مبسوط سعيد

كل يوم يمر فيو يبقى عيد

بريدكم إجتمعت قلوب

يافرحة الزول البريد

***

عاشت معاك أجمل حلم

وإنت بهواك دوّبتها

شالت غرام الدنيا ليك

وإنت بصدق جد ردتها

99

ومشت معاك كلّ الدروب

لا فاتتك لا فتّها

حفظت هواك رغم القسا

ورغم البعاد ما سبتها

***

والله فرحانين كتير

وفرحنا بيكم جد كبير

بقيتو للعشاق مثال

بيضوّي زي بدرا منير

إنشالله كل عاشق بيريد

في دربكم يمشي و يسير

وتكون سعادتو مع الحبيب

يلقى الهنا واسعد مصير

♫ ♥ ♫ ♥ ♫ ♥ ♫

♫ ♥ رقة و محبة ♥ ♫

خوفوني وحذروني

وقالو لي ابعد بعيد

قالو قاسية و قالو ناسية

وصاده للبعشق ويريد

قالو مغرورة بجمالها

وحسنها الباهي الفريد

قالو بإصرار و قوّة

"ياخي ما تكون زول عنيد"

قالو "شوف الراحوقبلك

وصارو عبرة و إستفيد"

قلت ليهم "من كلامكم

قلبي نيرانو بتقيد

واصلي عن دربا بديتو

لحظة ما ممكن احيد

101

وإنتي يالمغرورة قالو

بس معاكي بكون سعيد

زودي القسا والغلاوه

أزوّد الغنا والقصيد

بكرة تعرفي صدق حبي

تحسي بالرادك شديد

كل قسوة تلاقي طيبة

وكل شدة تلاقي ريد

مافي غيرتصبح محنة

ويبقا بيها العمر عيد

رقة و شوية محبّة

يدوبو القلب الحديد"

♫ ♥ ♫ ♥ ♫ ♥ ♫

♫ ♥ سامحيني ياست البنات ♥ ♫

سامحيني ياست البنات

ماكان في خاطري أزعلك

ما كنت قاصد أجور عليك

أو إني لحظة أودّعك

وإن كنت ثانيه قسيت عليك

الليلة جاي استسمحك

***

لكني جيت يوم الفرح

لملمت نفسي عشان اصل

وكتلت قلبي الإنجرح

ووقفت قدامك حزين

خاطري انكسر

103

خاطرك سرح

عاينتي لي

لاموني عينيكي الحنان

وأنا جاي أفتش للأمان

الكنت بلقاو في عيونك

لما كنت بجيك زمان

ضاع الأمان

وأنا عارف

إني قسيت عليك

بس أعذريني

حرام عليك

أنا جاي شان استسمحك

مع إني عارف إني جاي

بعد مضي وفات الأوان

أستسمحك

***

سامحيني ياست البنات

والبيننا لا يوم بيتنسي

ولا ممكن أنسي الذكريات

وإن كان خلاص كلو انتهى

وأنا في طريق

وانتي ف طريق

والبينا فات والبينا مات

سامحيني بس

شان اقدر أغفر للمعذب

قلبي مجروح السنين

105

يمكن يقيف من البكا

و يمكن يفيق من الأنين

واستسمحك

♫ ♥ ♫ ♥ ♫ ♥ ♫

♫ ♥ <u>عارف بحبّك قدر ايه؟</u> ♥ ♫

عارف بحبّك قدر أيه؟

عدّ النجوم و كتين تنوم

تهجد هناك فوق السما

عدّ المطر وكتين يرش

حباتو كان في يوم هما

عدّ الندى الفوق الزهور

لما العبير يجي يلثما

عدّ الخيال عد الجمال

في عيون حنينه وحالمه

فرحة هواي العايشة بيك

ماقادرة زاتي أترجما

إحساس حبيب صافى الحبيبه

بعد قطيعه و سالما

كان كاتم الأشواق سنين

تكشح تفيض و يلملما

حاضن أحاسيسو الدفينه

تهيج و تجمح و يلجما

والليلة اتدفق نغم

باح بالمشاعر الكاتما

صرح خلاص بالريده قال

شايلاها في عروقي الدما

قال قلبي ملكك وفي يديك

وإن درت روحي بقسما

وإن قلت تعذيب بقبلو

و كان قلت رحمه بنرحما

كلما أداريهو الغرام

ألقى العيون متكلمه

عرفت بهواك قدر ايه

و قدرت ريدتي دي تفهما

♫ ♥ _خرمانه ليك_ ♥ ♫

خرمانه ليك

من الصباح

زي قهوة

بسكر تقيل

بن حبشي أصلي

و جنزبيل

ووشيشا يتمايل يميل

كباية ال

"عثمان حسين"

صينية ال

طلس الجميل

تظبط مزاجي

و تعدلو

***

خرمانه ليك

مما صحيت

فتشت شان

ألقاك هنا

ما كنت لأمبارح

معاي

في كل أحلامي

و رؤاي

والليلة فتّ و سبتني

خليتني أتلفت براي

***

خرمانه ليك

خرم المحشش

للسيجار

أو طبخه

مشتهيه البهار

أو فول مظبّط

دون شمار

ياخ بس خلاص

ما تغيب عليّ

أنا قلبي

ملّ الانتظار

♫ ♥ ♫ ♥ ♫ ♥ ♫

♫ ♥ حسرة وندم ♥ ♫

ما كنت قدامك سنين

ماكنت قدامك عمر

واخلاصي ليك

بكبر وبيزيد

في كل يوم

بيننا بيمر

كملت دموعي

عشان هواك

وخلص معاك

كلّ الصبر

ما باقي فيني

الليله غير

قلباً شقا

وقلباً ودر

الليله ايه

الجدّ جاي

تسأل تفتش

في الصور؟

تطرا القديم

و تقلبو

وتنبش وراي

أتر أتر؟

ماقلت لي

ياها الإراده

و ايه نقول

غير القدر

لارحمت قلبي

الانجرح

لامسحت دمعي

الانهمر

أنا كنت

بترجاك سنين

وعلى الفراق

كنت بتصر

الجدّ أيه

الليله جاي

قلبك كسير

دمعك بحر؟

أنا أصلي

ما ياني الزمان

إحساس عميق

فيني انكسر

أنسى اللي فات

والذكريات

ياها الإراده

وده القدر

والماضي ما

بيرجع بعود

والانكسر ما بينجبر

لا بتمسح الحسره

الجروح

لا بيجبر الندم

الكسر

♫ ♥ ♫ ♥ ♫ ♥ ♫

♫ ♥ دقيقة لا أكثر ♥ ♫

دقيقةٌ غفوتُ

لا لأكثر

دقيقةٌ قلتَ

"أنا أحبكي"

فقلتُ في

دقيقة "وأكثر"

دقيقة وصار

كوني أخضر

وأبرق السحاب

ثم أمطر

دقيقةٌ من

نرجس وعنبر

دقيقةٌ من

قهوة و سكر

دقيقةٌ من

نشوة سكرنا

وخمرة الغرام

ليس تسكر

***

دقيقة عجلى

وسوف تمضي

كن فارسي

فيها وكن ك "عنتر"

وأسرج الجواد

واختطفني

لعالم من

لؤلؤ ومرمر

سئمت من

دنياهمو حبيبي

هيا بنا هيا ولا تفكر

♫ ♥ ♫ ♥ ♫ ♥ ♫

♫♪ ♥ فتى الأدغال ♥ ♪♫

أنساني حبُّك أن أتذكر

أين وضعتُ وريقاتي

أنساني أن أتذكر كيف

أرتب كنت "أجنداتي"

أنساني كم قطع السكر

في القهوة كانت قطعاتي

غيّر مائدتي وطعامي

عملي يومي وهواياتي

ماعاد اليوم هو المعهود

ولا ساعاتي ساعاتي

أغفلني حبك عن نفسي

أهلي وجميع صديقاتي

مذ حبك جاء وفاجأني

غير لي ترتيب حياتي

أرقت عيني ولكم نعمت

من قبل بنوم وسبات

أنساني حبُّك نظمَ الشعر

فصرتُ ألخبطُ أبياتي

لا بحرٌ لا وزنٌ عفواً

كثرت أخطاءُ "قصيداتي"

لازمتُ الصمتَ مخافة أن

أذكرَك بأحدى همساتي

أو أنطقَ باسمك أو سهواً

تفضحني مني قسماتي

يارجلاً ياطفلاً يلهو

فيكسّر كلَّ قطاراتي

لايهدأ لا يسكن أبداً

يسكن جلدي ومساماتي

يوقظني والناس نيامٌ

لأسطرَ فيه كتاباتي

واقولَ أيا رجل الأدغال

ويامن أشعلَ غاباتي

وأثارَ ضجيجاً في دنياي

وأضحى المحورَ في ذاتي

يكفيك ضجيجا لا تعبثْ

وترقّق بعضَ اللحظات

أفتى الأدغال الأبنوسيِّ

الساكن كلَّ الطرقات

أمهلْني بعض الوقت لكي

أنفثَ بعضاً من زفراتي

وأقولَ أيا من صرت بيوم

بطل جميع رواياتي

أشعلتَ النار بمكتبتي

واشتعلت كلُّ أريكاتي

واحترق القلب بنار الحب

رماداً صارت غرفاتي

أنا جئت لحبك راكضة

قاطعة طول مسافات

قد كنت امرأةَ عاقلة

وفقدت بحبك حكماتي

أضحت كلماتي عابثة

وتعالت مني ضحكاتي

اليوم انا امرأةٌ أخرى

وغرامك صار بداياتي

أفتى الأدغالِ أنا استسلمتُ

هُزمتُ وسقطت راياتي

كن بطلي يارجلَ الأدغال

وكن لي الحاضرَ والآتي

♫ ♥ ♫ ♥ ♫ ♥ ♫

♬ ♥ <u>عاوزك معايا</u> ♥ ♬

ما أظن بقدر أوصف

قدر أيه عاوزك معايا

أو أعيد وأشرح وأفصل

ليك تفاصيل الحكايه

ريدي باين في عيوني

وأصلو ما محتاج وصايه

في سلامي وفي ابتسامي

و في حروفي وفي غنايا

في خفوق قلبي وحنيني

لما تمشي تودعيني

واقعد اتلفت برايا

وارجع اتذكر كلامك

بسمتك رقة سلامك

وضحكة بتغرد جوايا

وارجع افرح

وبيكي أحلم

وانسى كل

الفات ورايا

أنسى جرحي

ويبدأ فرحي

وأبدا بيك

تاني الروايه

كم فصول

مرت بعمري

و كم جرح

جوة الحنايا

كوني لي

اخر مطافي

وكوني

لحزني النهايه

كوني فرحي

وداوي جرحي

وكوني قمري

الفي سمايا

♫ ♥ ♫ ♥ ♫ ♥ ♫

♫ ♥ أنا الجنون ♥ ♫

رباه ماذا أرتدي

فغداً يكون لقاؤنا

هل ارتدي

ثوباً قصير؟؟

لالا قصير

فربما قد لا

تفضله قصير

هل أرتدي البنطال ام

فستاني الورديّ

ذاك الاسود الزاهي

تطرزه الورود؟؟

لالا ورود

فربما

128

لا تعشق الورد

المطرز في الحرير

ونسيت شعري

في زحام اليوم

هل تهواه مسدولاً

حريرياً أم الشعر

المجعد ما يثير؟؟

هل تعشق "المكياج"

أو قل لي فديتك

كيف أفعل

كي ترى

وجهي منير؟؟

***

ماذا اقول

إذا التقينا

يا حبيبي ماأقول؟؟

يا قلبُ مهلاً

صوتك الخفاق

يقرع مثل

دقات الطبول

يا عقل جد لي

الان بالتفكير

ساعدني

و شاركني

وألهمني الحلول

ياعقل صادقني

للحظات وعلمني

التوازن

والتحكم في

انفعالات الفصول

"كوني كما انتي

بكل بساطة

لاتفعلي شيئا كثير

كوني كما أنتي

ولا تتكلفي

كوني

يكن

لك ما يكون"

وما أكون؟؟

ومن أنا؟؟بل

من يكون؟؟

أنا قد نسيت اسمي

نسيت العقل

منذ عرفته

ءالان أنشده

السكون!؟

ءالان تسألني

التريث

والبساطة والتمهل

والركون؟!

أنا مذ عرفتك

مذ هويتك

مذ عشقتك

مذ رضيتك

ما عرفت

سوى الجنون

* * *

لا لا سكونْ

لا لا اتزانٌ

لا تعقلُ

لاتدبرُ

لاركونْ

فأنا الجنون

أعيدها

وأنا الجنون

أزيدها

وأنا الجنون

كن يا حبيبي

ما تكون

فلن أكون

سوى الجنون

أنا الجنون

فكن حبيبي

ما تحب

وكن حبيبي

ما تكون

دعني أجن

فإن عقلت

فمن تراني

قد أكون؟؟

♫ ♥ ♫ ♥ ♫ ♥ ♫

♫♪ ♥ ياعم حساس ♥ ♫♪

تستاهل يا"مجنون" انت

تستاهل كل البحصل ليك

تستاهل تبكي و تتألم

وتسيل دمعاتك في خديك

وتعيش متوحد و شايل الهم

و ماتلقي حنين يأسى عليك

وتبيت شاكي و تصبح باكي

و يبعدو عنك كل الحوليك

تستاهل شان ما بتتعلم

من كل القاعد يحصل ليك

تستاهل شان عامل حساس

ومشاعرك سايبا تلعب بيك

شايل محبوب ما بيستاهل

خاتيهو دوام قدام عينيك

135

مهما يعمل ما بتتغيّر

وقساهو عليك ماغير فيك

ياعم حساس كدة بس معقول

تدهيهو حنانك وهو يجافيك؟!

ياعم حساس كدة ما بينفع

كتر احساسك بالجد بأزيك

لمتين بيو شاكي ومتعذب

ومحبوبك أصلا ماطاريك

يامسكين اصحى وماتحلم

محبوبك تب ما مستنيك

ماتخدع نفسك و تتوهّم

لايوم رادك لاهو مصافيك

الريد باين ما بتدس

وواضح من فعلو هو ماحابيك

لو رادك ماكان بيجرح فيك

136

و كان اهتم و جا يراضيك

لا أول حب لا اخر حب

انساهو و بتلاقي البرضيك

اسمع لي بس مرة أخيره

اسمع لي ياخ ربنا يهديك

الجرحك اصلو ده مازولك

وأنا متأكده زولك جاييك

ياحنين يا مرهف و شاعر

فرحك وسعدك باكر راجيك

زولك والله ده مارادك

فارق دربو والله بقويك

♫ ♥ ♫ ♥ ♫ ♥
♫ ♥ ♫ ♥ ♫

♫ ♥ <u>خلاص بطلت</u> ♥ ♫

خلاص بطلت أغفر ليك

واحاول ألقى ليك أعذار

عشان ما ممكن أبقى ملاك

كفاية لعب وعيش أدوار

كفاية تعب سنين ضاعو

و دموعي السايلة ليل ونهار

أنا الختيت اساس للريد

و بجنونك دة كلو انهار

أدلع فيك وأداري عليك

ويزيد ألمي وأعيش في نار

قول لي بس ده ليه يعني

هو ناقص قلبي هم وودار؟

هي ناقصة الدنيا هم و شقا

عشان ما ازيدا تاني دمار؟

ح يحصل يعني ايه لو فت

رحت بدون ولا إخطار؟

ولا حاجة

وزي مابقولو "في ستين"

تروح تمشي

كتير في الريدة قبلك طار

تفوت و تروح بلا عوده

وكتير في الريدة قبلك غار

♫ ♥ ♫ ♥ ♫ ♥ ♫

♬ ♥ حكاية سعيدة ♥ ♬

شفتو الود

الشفت الساكن

في أعماق

البت السمحه؟

عايش في

جواها غرامو

و باين فيها

الريد من لمحه

شايلا هواهو

وحافظه وفاهو

لا يوم صدت

لاهي بتقسى

سمعت ياما

كلام و حكاوي

عليهو كتير

كان ممكن تنسى

إلا حنانو

وصدق كلامو

خلو هواهو

دوام المرسا

لاكان عندو

قرش لا ثروه

بس كان عندو

حنان و محبه

ممكن تملا

العالم و حبّه

وكان بتحبّا

قدم ليها

قليبو هديه

141

فرحت بيهو

وقالت شكرا

ايه من قلبك

تاني الأغلى

و صبرت ياما

وسمعت فيهو

كلام وملاما

لامن كملت

أجمل قصه

وعاشو الفرحه

و لسه و لسه

كمان قدامون

أحلى سنين

عشان يتهنو

يفرحو ديمه

يحبو و يغنو

أحلى قصيده

قصيدة الود

الشفت الساكن

في اعماق

البت السمحه

قصيدة ريده

ونبل و طيبه

وقصة فريده

وأجمل ريده

ريدة الود

الشفت الكانت

ل محبوبتو

البت السمحه

♫ ♥ ♫ ♥ ♫ ♥ ♫

♫ ♥ كلمة منك ♥ ♫

كلمة منك

حركت فيني المشاعر

طمنت قلبي المعذب

وهيجت بحر الخواطر

و غيرت يوم السفر

***

ما خلاص انا

كنت راحله

ماشه للسكه البعيده

سكة الخوف والخطر

سكة الغربه الطويله

وسكة الهم والضجر

عشت لحظات

في حنانك

زي حلم عابر بسر

الا خلّف فيني ذكرى

وذكرى ما ممكن تمر

* * *

واوعدك مهما بعدت

شايلا احساسك معاي

ومهما طالت بينا مده

بتبقى عايش في جواي

ومهما بعدتنا المسافه

ما أظنو يقل هواي

* * *

قبل ما اشوفك واعرفك

حاجة صحت فيني حاجه

حاجة لا عرفت مسافات

لازمن لا أي حاجه

حاجة أهدتني السعاده

وفرحة الروح وابتهاجا

***

قبل ما أرحل بوصيك

خلي بالك من عيونك

واوعى يوم تحتار وتشقى

وتبقى عايش في ظنونك

ولما تشكي

أو تدور في لحظه تبكي

أطرا زول في الغربه عايش

و بس تخيل حالو دونك

خلي لي بالك شديد

وابقي عشره على عيونك

وابقى مطمّن و عارف

قلبي ما ممكن يخونك

146

ولو جفاك كل الاحبة

بتلقى في جواي سكونك

♫ ♥ ♫ ♥ ♫ ♥ ♫

♫ ♥ الوعد ♥ ♫

الوعد البيني

ومابينك

وعداً مكتوب

وهو ما مكتوب

والريد الساكن

جوايا

ريد ماساكن

في اي قلوب

كل ما تجرح

قلبي بسامح

وعن حبك

أبدا ما بيتوب

***

لما العينين

مرة اتلاقن

148

قالن لي ياما

كلام و كلام

لهفة قلبك

لما تسالم

ترسل لقلبي

سلام و سلام

عيشني هواك

أحلي ليالي

وايام مرت

زي الاحلام

***

الوعد البيني

وما بينك

وعد الاحساس

والحنيه

وعد محنه

ووعد الجنه

وطيبه بتمسح

أي أسيه

ياريت لو تبقى

معاي دوام

ونعيش في

الدنيا الورديه

لا فيها ألم

لا فيها ندم

لا فيها

مشاعر وهميه

نبقى محنه

ونسكن جنه

ونحيا الافراح الأبديه

♫ ♥ ♫ ♥ ♫ ♥ ♫

♫ ♥ <u>يلا سوا نسيب التدخين</u> ♥ ♫

روحك نعمة

عزيزة وغالية

وأيامك كلها

كم ثانية

ليه شغال

تحرق في نفسك

وتزيد ليها

مشاكل تانية؟

قاعد تحرق

في أعصابك

ماعايز اسمع

أسبابك

مافيش اسباب

مهما تكون

تخلي الروح

عندك بتهون

ومافيش زول

بالحيل بستاهل

يخليك عن

روحك تتنازل

أوعك تلجأ للتخدير

(وما نبأكم مثل خبير)

أسألني وأنا

اقول ليك حسه

بخطورة

وصعوبة القصة

أرمي سجارتك

وأوعك تسمع

قول الناس

وتعيش تستمتع

عايش اللحظة

وجاهل بكرة

ياما تكون

باكر في حسرة

تخسر نفسك

وكل أحبابك

ويبعدو عنك

حتي اصحابك

وتبقى وحيد

وتعيش منبوذ

في عز شبابك

تبقى عجوز

اقلع حسي

وما بعدين

قول لسجارتك

(في ستين)

أكسب روحك

وعقلك ومالك

وشوف كيف

تتحسن أحوالك

ماتقول لي

دي سجارة بريئة

التدخين

آثارو قميئة

من الأعماق

والله بريدك

ولو حاسبني

اخوك وحبيبك

وماممكن في

لحظة اسيبك

أمسك إيدي

وحسع نبدا

صفحة جديدة

وإيدي ف ايدك ...

♫ ♥ ♫ ♥ ♫ ♥ ♫

♫ ♥ وصفة التقلية ♥ ♫

"وصفة التقلية

الظابطة مية المية

يلا قولي بسرعة

الليلة يوم الجمعة

ابو الوليدات قاعد

ونفسو في تقلية

ح أعمل التقلية

وأملا بطنو عساهو

بس يشوفني شوية"

قلت ليها "مؤكد..

يلا يا فوزية

جيبي قلمك وورقة

وأكتبي الح اقولو

و أبقي زيدي شوية

جيبي حبة ريدة

و كبي فيها حنانك

وزيدي من تحنانك

وما تقيفي مكانك

وين جمال أيامك

لما كنتي خطيبتو؟

ووين رشاقة وزنك

لما كنتي حبيبتو؟

زدتي عشرين كيلو

بقيتي ليهو مصيبتو

ولسه يا فوزية

بتطلبي أهمية؟؟

ختي حبة "ميك اب"

و رشي ريحة شوية

النضارة ف لونك

والكحل في عيونك

كيف يعاين برة

ووين يقبل دونك

***

ما تصورخي فيهو

من الصباح عامليهو

زي وليدك يحيى

من الحنان ارويهو

دلعيهو شويه

وقولي ليهو بحبك

و عايني في عينيهو

كوني ليهو النسمة

158

ما تزيلي البسمة

عن شفايفك ابدا

وشوفي ايه البحصل

وابقي ردي عليا

ياختي يا فوزية

القصة ما تقلية

أو ملاح و الكسرة

و حلة في صينية

أمشي حسي اقيفي

في المراية و شوفي

وقولي جارتي سنية

هي القليبا عليّا

أسمعي الأنا قلتو

وكتريهو شوية

عمرو ما يوم خربت

وصفة فيها زيادة

من محبة و رقة

أو أحاسيس حيّة

يلا يا فوزية

قومي يلا بسرعة

أعملي القلناهو

وظبطيو على زوقك

وبعد ما تتغدو

أبقي أضربي ليا...

♫ ♥ ♫ ♥ ♫ ♥ ♫

♫ ♥ طلبين و بس ♥ ♫

ياخ انفعل!!

حسسني بحبك شديد

لو حتى بشكله و زعل

حسسني بغيرتك علي

شاكلني لو زول مرّ بي

اتظارف أو سلم علي

أسألني كيف و متين ووين

ناقشني مرة و مرتين

ما تسيبني اتصرف براي

ماعايزة امشي على هواي

عايزاك في جمبي و معاي

خايف علي قلقان علي

عايش عشان ريدي و هواي

حسسني لو كان بالكذب

إني الحبيبة المدهشة

ماعايز أحس إني (المدام)

المابتلاقي الاهتمام

رجعني لأيام زمان

املاني بالدفا والأمان

ماعايز أحس إنو الزواج

ياريتو مافي لحظة كان

ماعايزة احس إنو الزواج

حلّه و مدارس وكوم ضيوف

ومجاملات و كلام يزهج

و ناس تزورك بالصفوف

نصحى الصباح نعمل أكل

والحنة و تياب في الرفوف

متكدسة

زي توب فلانة وحنتها

ماهمني

والله يوم ماهمني

كيف في عيون الناس اكون

و بهمني

اعجابي في عيونك أشوف

ياخ حسّ بي

لو إنت فعلاً حاسي بي

أكيد ح تفهم قصتي

والفكرة عندي ف دنيتي

انو المحبة هي منيتي

أديني بس حبة حنان

حسسني جمبك بالأمان

ماعايز أحس إنو الزواج

ياريتو ما في لحظة كان...

طلبين و بس

حبك و حبّة اهتمام..

♫ ♥ ♫ ♥ ♫ ♥ ♫

♫ ♥ الحب عند شاعر ♥ ♫

يشعلني هواه مثل

النار والاعصار

تجتاحني أشواقه

كالموت والدمار

أحسه كقصة

تخطها الأقدار

أتبعه كظله

أسير حيث سار

طائعة أسكنه

وأحكم الحصار

أبغض اصدقاءه

ومنهم أغار

ثورية همجية

غريبة الأطوار

مسكونةٌ مجنونةٌ

أعاكس التيار

أثور في غيابه

كأعنف الثوار

أعود مثل طائر

أتعبه الدوار

فعاد حضن بيته

في اخر النهار

***

الحب عند شاعر

كالسيل والأمطار

لا يعرف الهدوء

بل ينفجر انفجار

الحب عند شاعر

يماثل احتضار

الحب عند شاعر

هو قمة التحدي

وأمل الوصول

والتصميم والأصرار

الحب عند شاعر

مصيبةٌ وموتٌ

وأكبر كارثة

حطت على الديار

الحب عند شاعر

لايعرف التردي

يسير مستبداً

لاخر المشوار

♫ ♥ ♫ ♥ ♫ ♥ ♫

♫♪ ♥ لما تحب فنان ♥ ♪♫

لما تحب فنان اتأكد

من احساسك بيهو وليهو

ما تجرح فنان في قلبو

ولا أبدا قسوه توريهو

الفنان ما زييّ و زيّك

جرح القلب كتير بيأزيهو

جرحك ليو بيكبر في قلبو

ويمشي معاو وبغوّر فيهو

حسسو دايما باحساسك

ووعدك ليو اخلص واوفيهو

الفنان لمن يتألم

ويضحك و لدمعو يخبيهو

وييكي ويسبقو دمعو ويهمي

قدر ما بايدو يغطيهو

168

يعني بحبك و جوه مكانك

أغلى من الروح ومن عينيهو

أو من غيرة عليك اتفطر

وفي الاعماق حبك كاويهو

الفنان وقتين ما يحبك

ببذل كل الفي ايديهو

شان ما يشوف

في عيونك بسمة

بتزرع فيهو

هنا و ترضيهو

الفنان ان قالا (بحبك)

قاصد كل حرف بيعنيهو

وقدر الريده الليك في قلبو

بتوقع حبك يوازيهو

لا بتحمل منك جفوة

ولا اهمال ولا قسوة عليهو

ماعايز منك غير كلمة

و صدق احساسك وصّلو ليهو

وماعايز أكتر من ريده

ومن حنية و ده بيكفيهو

ولو ما بتقدر فارق دربو

وماتعذبو وانسى وخليهو

أريح مما تكسر قلبو

وكسر القلب أكيد بينهيهو

♫ ♥ ♫ ♥ ♫ ♥ ♫

♫ ♥ <u>توبة</u> ♥ ♫

(مهداة إلى شيخ الصادق الصايم ديمة بلسان أحد مريديه)

جيت سايق قدامي ذنوبي

وقفت امامك زي مكسور

حاسس بالام في قلبي

وعبرة ورجفة زي المقرور

شفت البسمة الضاوية تلالي

ووش بالفرحة ملاهو النور

كلامك صار لجروحي البلسم

وغيّر حالي بقيت مسرور

بقيت حاسس بدنيا جديدة

وعالم نورو زي البلور

صحا بفضلك-بعد الخالق-

زول كان نايم وزي مقبور

فتّحت لعينيهو عوالم

وشاف الجنة وشاف الحور

بالو ارتاح من طول تعذيبو

واشرق صبحو و فاحو زهور

ومابرجع عن دربك ابداً

وتاني اتوه في الدنيا و ادور

بتبقا طريقتك بيها نجاتي

في يوم الرق المنشور

درب السنة الكلو محنة

البحمي الناس يوم نار وحرور

صلى الله لنبينا محمد

وآلو وصحبو جميع بالدور

صلاة تشفع لي في الاخرة

وتجعل كل ذنب مغفور

♫ ♥ ♫ ♥ ♫ ♥ ♫

♫ ♥ انت روحي ♥ ♫

انت روحي و ساكن جواي

انت فرحي و حبي وهواي

انت املي اليوم ما خبا

عندي روحي و ليك بوهبا

ريدي ليك يوم ما أفل

وعقلي عنك قط ماغفل

في صباحي و ضهري و مساي

بسأل الله يحقق مناي

تبقى جمبي و نعيش سوا

نحكي للناس سر الهوى

ويحكو عننا جيل بعد جيل

تعرف الناس مافي مستحيل

نحيا فرحة و نكون مثال

173

في الحقيقة ومافي الخيال

أي دنيا معاك بقبلا

والسعادة معاك أوصلا

ريدنا يكبر والحب ويدوم

نمحو بيهو الأسى والهموم

تشرق أفراحنا وتهل

طالما عايشين بالأمل

كل حلم بيصبح أكيد

لما تهوى وفي الحب تزيد

♫ ♥ ♫ ♥ ♫ ♥ ♫

♫♪ ♥ اخوى الكبير ♥ ♪♫

(مهداة إلى اخي الكبير عزالدين الحسن)

اخويا الكبير الزي ابويا حكايتو

وارث اخلاقو منو وحاقي قولو وغايتو

يحفظ لي ابوي واخوي يعلّي مكانتو

يحقق ليو امالو يعلي دايما رايتو

***

اخويا الكبير اللو عترنا بيرفع

برايو السديد واموالو دايما يدفع

وان شاكتنا شوكة تلاقي عينو بتدمع

يتفهّم أمورنا وللمشاكل يسمع

***

اخوي الكبير تلقاهو دايما واقف

زي شجرا ظليل فارد غصونو ووارف

من نظرة عينيك يفهم مشاكلك و عارف

ايه معنى الاخوة و عمرو ما كان صارف

***

اخويا الكبير والله غالي علينا

ساكن في قلوبنا نحبو زي عينينا

يفرح لفرحنا وببكي للبيبكينا

وكان دارى الدمع والله بيو حسينا

***

بكتب في كلام وبقولو من جوف قلبي

اخويا عزيز و غالي وشمعة ضاوية ف دربي

مالي غير دعايا وريدي ليك وحبي

واحساس بالشعر حاولت اقولو و أبدي

***

ربنا يستجيب يديك زي ما عايز

176

في الدارين تكون ربحان و دايما فايز

يشوفوك الصغار ويكونوا زيك باكر

ويرضيك الكريم لرضاهو تصبح حايز

♫ ♥ ♫ ♥ ♫ ♥ ♫

♫ ♥ إلى أمي ♥ ♫

(مهداة إلى أمي الحبيبة صفية محجوب)

يا الشايلاني جواكي

يا الغامراني بي هواكي

يخليك الله يا الغالية

يا الحافظاني بدعاكي

***

منو الغيرك بحس بيّ

و يحبني ب صدق نيّة

ويشملني ب محنة و ريد

يخلي حياتي وردية

***

منو الساهر ليالي معاي

فرح ل فرحي حسّ بكاي

178

ولو خلاني كلّ الناس

بلاقي هواكي هو الجوّاي

***

يا الحضنك أحنّ مكان

وقليبك ملان تحنان

و مهما بعدت و بعدت

بتفضلي لي أعز إنسان

***

يخليك الله يا أمي

يا المشغولة بى همي

هواك ساكن بأعماقي

وغرامك جاري في دمي

***

يفرّح الله أيامك

و يسلم صوتك و كلامك

تعيشي الفرحة في الدنيا

و تلاقي الجنة قدامك

***

مهما أقول و مهما أعيد

ما أظن أوفي حبي وأفيد

صباحك نور زي البلور

و يوم العيد عليكي سعيد

♫ ♥ ♫ ♥ ♫ ♥ ♫

♫ ♥ الحب ♥ ♫

بتحدى العالم بيكا

وبشوفو ف نور عينيكا

آمر واتحكم و أنهى

و بقول شبيك لبيكا

* * *

لبيك يا عمري الحالم

بى ريدك ربنا عالم

حب ما موجود في الدنيا

وماسمعت بيهو عوالم

* * *

كون "سي السيد " وقبلانة

في قربك أنا عشمانة

حسيت جمبك بقيمتي

181

ورفعتني أعلى مكانة

***

حا أشيلك في عينيا

وأوهب ليك روحي هدية

لاتشوف يوم شقا لا جرحة

لا دموع لا شوية اسية

***

دنياي إنت و أحلامي

ومناي و موحي كلامي

من حبي إليك يا روحي

شايفاك حسع قدامي

***

جاياكا و ما بستنا

ما بقدر و كيف أتهنا

وأنا عايشة بعيد عن حبك

ياخ كفى حبك جنّنا

* * *

كم يوم وارجع ليك تاني

وأرويك من نبع حناني

نفرح و نتهنا و نرقص

وأكتب ليك أحلى أغاني

* * *

الحب والله حقيقة

ومافيش من دونو طريقة

لادوا لا حبوب بتعالج

كل أحزانك في دقيقة

* * *

الحب للبيأمن بيهو

ويختّو قصاد عينيهو

يحلم بيهو ويستنا

بلقاهو هو في ايديهو

* * *

ح ينور ليهو حياتو

يسعد دايما اوقاتو

وأسألني خبيرة وشاعرة

وفاهمة وعارفة حكاياتو

* * *

نضّف قلبك وخليكا

واثق إنو بلاقيكا

ما تكشّر ليو في وشو

شان ما يكشر في وشيكا

* * *

الحب مخلوق من نور

ما بعرف قسا و شرور

خليك رقيق متسامح

شان لقلبك هو يزور

***

الحب اجمل احساس

للهنا والبهجة اساس

انشالله ينوّر قلبك

ويضوي لكل الناس

♫ ♥ ♫ ♥ ♫ ♥ ♫

♫ ♥ **قدر ما أحب** ♥ ♫

قدر ما احب وازيدك حب

أحس بنفسي ما حبيت

قدر ما أعيد و فيك أزيد

وأنظم في الحروف دوبيت

قدر ما أقول تعبت خلاص

سهرت الليل وفيك شقيت

أحس بنفسي ماردتك

كفاية و أصلي ما أوفيت

***

تعال أقسم معاي الريد

لأني تعبت واتهديت

صبرت صبر و ضقت المر

وبكل الفرح ليك جيت

تعال ألحق غرام جواي

بدل تندم تقول ياريت

تعال ألحقني بعقلي

بدل تلقاني أنا جنيت

♫ ♥ ♫ ♥ ♫ ♥ ♫

♫ ♥ مشتاقة ليك ♥ ♫

شوقي فاض لما انفجر

والدمع من عيني انهمر

أكتم هواي جوه القلب

ألقاهو في العينين ظهر

***

اشواقي بتزيد كل يوم

والناس بتهجد ومابنوم

بسرح معاك

واذكر هواك

وأتوسد الاسى والهموم

***

الشوق كتير ما بتوصف

وبحبي ليك أنا بعترف

لمتين نعود

188

نحيا الغرام

والعين من الدمعات تجف

***

الشوق كتير ماليهو حد

وريدي مالي فيهو يد

زايد شديد

فايت بعيد

لا بيهدا لا في يوم برد

***

شوقي فات حد الخيال

عذبني فاق الاحتمال

خلينا نرجع للهوى

ونرجع نعيد أجمل وصال

♫ ♥ ♫ ♥ ♫ ♥ ♫

♫♪ ♥ فرح ♥ ♫♪

قالت: قدرنا نكون سوا

ونغني بالريد والهوى

وتبقى لي ضلي البضاري

وابقى لجروحك دوا

***

قال ليها: ربك رب قلوب

عارفني تهت على الدروب

عارفني زول مرهف حنين

لمن يحب في الحب بدوب

***

قالت: وعارف قصتي

وعارف تعبت ف دنيتي

جابك إلي فرحني بيك

190

ولقيت سعادتي و بهجتي

جابك إلي وف لحظة بس

حقق دعايا و منيتي

* * *

أهواك أقول؟ لأ ما كفى

قلبي الهواك يوم ماغفا

عن سكتك لا يوم هو حاد

لالحظة نور حبو انطفا

* * *

يا غالية يا نور الدرب

قلبي البريدك ما تعب

احساسو بيك صادق بشدة

و عمرو ما الاحساس كذب

191

بس ربنا يخليك معاي

يا الفي القلب ساكن جواي

يا احلى دعوة اتحققت

يا حبي يا أملي ومناي

♫ ♥ لغة حبيبي ♥ ♫

تكفيني أنت من الدنيا

تكفيني أنت

تكفيني رعشة كفك

بين يدي

إذا صافحت

تكفي اشواقٌ تزجرها

تمنعها البوح

إذا ما بحت

تتخبأ خلفك

تائهةً حائرةً

تسأل (هل قررت)؟؟

تكفي عينانٌ تتجنبني

تهرب من عينيّ

تريدا البوح

193

إذا ما بحت

تكفيني "لخبطةٌ"

ألمحها في أوراقك

في كلماتك في حركاتك

تخبرني أنك تهواني

إن صرحتَ وإن

-لحياءك-ما صرّحت

***

تكفيني لخبطة الجدران

بلون الفستق

أو بالأحمر أو بالأزرق

إن شخبطت

تكفيني ريشة فنان

تصعد أو تهبط

ثم تسافر

كي ترسم

أجمل لوحات

أفهمها وحدي

أتقنها وأترجمها

تقتلني

إن أنت رسمت

* * *

يكفيني فنجانُ القهوة

تصنعه وتجمّله

وتقدمه

لي كل مساء

حين أزورك

تستحلفه لا يخبرني

أو يتكلم

ثم يصيح بصوتك

رغماً عنك

يقول

(أيا سيدتي قد أحببت)

* * *

تكفيني لعثمة بكلامك

حين نناقشُ أو نتسامرُ

أو نتفاكرُ

تكفي مسحةُ حزن

في عينيك

أشاهدها

إن عنك رحلت

* * *

تكفيني لغةٌ

تتقنها وحدك

ما أتقنها من

دونك شخص

تجعلني مثل

فراشة حقلٍ إفريقيٍ

تتقن كل فنون الرقص

يكفيني حبُّك

كي يجعلني أنثى

لستُ ككل نساء العالم

أجملهن وألمعهن

وأبرقهن

مكملة

ما فيها نقص

أفهم ما تشعر

أعرفه

فلتهدأ يا طفلي الحالم

لا تتصنع كي تعطيني

لا تتحذلق كي ترضيني

أعشق لغتك أفهمها

هي تسكنني وتلازمني

وبحبّك دوماً تخبرني

سيانٌ عندي كنت معي

أو أنك يوماً عني غبت

♫ ♥ ♫ ♥ ♫ ♥ ♫

♫♪ ♥ <u>ما على كيفك</u> ♥ ♪♫

خالي الدنيا وسايب العالم

وقافل نفسك وماشي تنوم

حاضن حزنك وليو متوسد

وباكي وشاكي دوام مهموم

ومتهرّب من كل مشاكلك

وعامل لي فيها "المظلوم"!

ماتحبس نفسك في نفسك

وكل كلامك "أنا المحروم"

"أنا الخلوني الناس والصحبة

أنا الساكناني صعاب بالكوم

أنا التعبان والهم راكبني"

كلامك في حد زاتو سموم

تسمم نفسك وتهلك روحك

وتحرق نفسك يا موهوم

تموت وتروح في عزّ شبابك

وتلقى الناس ليك برضو تلوم

شوف الحولك و عاين ليهم

مين بس ده الماعندو هموم

مين بس ده الماعندو مشاكل

ومافي راسو الهم مردوم

ألحق نفسك وأرسم هدفك

و عنو يمين لا شمال ما تحوم

لم أحبابك وشوف أصحابك

وأفرح وغني وأقعد وقوم

تلقى الحزن رحل من نفسو

ومين القال الحزن بدوم

أفرح وأضحك وقلبك صاحي

قبلما بكره تكون "مرحوم"

الفهرس

201